AF219144

So lebt

Paris

Der perfekte Reiseführer für einen unvergessli-chen Aufenthalt in Paris inkl. Insider-Tipps, Tipps zum Geldsparen und Packliste

Mareike Löwenzahn

✈ INHALT

Das erwartet Sie in diesem Buch

Lieben Sie auch Städtetrips und möchten viel von der Welt sehen? Sind Sie auf der Suche nach einer Stadt, welche für seine Romantik bekannt ist? In so einem Fall wird die erste Wahl sicherlich immer auf die französische Hauptstadt Paris fallen. Die Menschen sind freundlich und hilfsbereit und „l`amour" steht ganz oben auf der Liste des Lebensgefühls der Franzosen. Spaziert man durch die Gassen der Stadt, erklingen Töne aus jeder Ecke und wunderschöne Gesänge kann man wahrnehmen. Mit dem Partner einen Kaffee trinken, vielleicht bei einem Stück Kuchen in einem typisch französischen Café ist ein absolutes Muss. Paris hat jedoch noch wesentlich mehr zu bieten als schöne Cafés, den Eiffelturm oder den Louvre.

Ich möchte Ihnen diese bedeutende Großstadt näher bringen. Ihnen geheime Orte präsentieren, welche Touristen nur selten zu sehen bekommen. Ebenso habe ich viele Tipps für Sie, wenn Sie nach Paris reisen. Einige werden Sie vielleicht schon kennen, doch ich garantiere Ihnen, dass auch viel Insider-Wissen dabei sein wird. Ich möchte Erfahrungen, die ich sammeln konnte, an Sie weitergeben und Sie Dinge wissen lassen, welche Sie sicherlich in keinem anderen Reiseführer wiederfinden werden.

Was macht Paris so besonders?

Paris ist die französische Hauptstadt und liegt an dem Fluss Seine, der weltweit bekannt ist. Wer an Paris denkt, der denkt auch gleichzeitig an den weltberühmten Eiffelturm, doch diese romantische Stadt hat noch wesentlich mehr zu bieten. Paris zählt auch zur führenden Modewelt und verfügt über bedeutende Kunstschätze. Ebenso sind die Gastronomie und die Kultur besonders beeindruckend und überzeugen fast täglich Besucher, welche aus der ganzen Welt anreisen. Egal wo man in Paris spazieren geht, die Architektur des 19. Jh. ist überall gegenwärtig. Die breiten Boulevards mit den unterschiedlichsten Straßenkünstlern lassen einen gerne verweilen und auch Notre-Dame, eine weltbekannte Kathedrale aus dem 12. Jh., wird immer wieder gerne besucht.

Wer gerne einmal einen Kaffee trinkt und dem Treiben in den Straßen beiwohnen möchte, der sollte unbedingt in einem der zahlreichen Cafés einkehren. Auch Einkaufsmöglichkeiten findet man in Paris zahlreich, besonders bekannt und auch beliebt bei Touristen, aber auch bei Einheimischen, ist die Rue du Faubourg Saint-Honoré. Hier springt ein jedes Herz höher, denn es gibt kaum etwas, das man in dieser Straße nicht finden kann. Besonders beliebt sind die zahlreichen Modeboutiquen mit ihrem ganz eigenen Charme.

Etwa 2,14 Millionen Menschen leben in der französischen Hauptstadt und darunter findet man wahrlich nicht nur Franzosen. Alle Kulturen sind in Paris vertreten. Diese Großstadt zählt zur größten Region Europas. Vor mehr als 2000 Jahren war Paris eine kleine Insel mit dem Namen Lutelia. Im Laufe der Zeit ist Paris zu einer Weltstadt herangewachsen, die für jeden etwas zu bieten hat. Das Pariser Stadtgebiet besteht aus 20 einzelnen Bezirken. Diese Bezirke sind nochmals jeweils in vier Viertel unterteilt. Die Franzosen sprechen hier von einzelnen Arrondissements (Bezirken).

1. Arrondissement du Louvre
2. Arrondissement la Bourse
3. Arrondissement de l´Hotel de Ville
4. Arrondissement du Panthéon
5. Arrondissement du Luxembourg
6. Arrondissement du Palais Bourbon
7. Arrondissement de l´Elysée
8. Arrondissement de l´Opéra
9. Arrondissement de l´Entrepot
10. Arrondissement de Popincourt
11. Arrondissement de Reuilly
12. Arrondissement des Gobelins
13. Arrondissement de l´Observatoire
14. Arrondissement de Vaugirad
15. Arrondissement de Passy
16. Arrondissement des Batignolles-Monceaux
17. Arrondissement de la Buttes-Montmatre
18. Arrondissement des Buttes-Chaumont

19. Arrondissement de Ménilmontant
20. Arrondissement du Temple

Paris muss man einfach lieben, daran führt kein Weg vorbei, denn Paris ist einfach Paris. Die Stadt an der Seine bietet Millionen Gründe, geliebt zu werden. Man kann stundenlang durch die Stadt spazieren, ohne das es einem langweilig wird, selbst wenn man sich einmal verlaufen sollte ist dies gar kein Problem. Im Gegenteil: Auf diese Art und Weise lernt man kleine Straßen und entzückende Gassen kennen, kommt an beeindruckenden Geschäften vorbei und findet vielleicht sogar ein Café, welches einlädt, ein bisschen zu verweilen. Oftmals lassen sich verstecke Märkte finden, aber auch Plätze, welche man ansonsten niemals zu Gesicht bekommen hätte. Straßenmusiker geben ihr Bestes an fast jeder Ecke, sodass man auch schnell mal ins Träumen kommen kann.

Wer Paris einmal besucht hat, der wird schnell festgestellt haben, dass sich in der französischen Hauptstadt zahlreiche unterschiedliche Kulturen tummeln. Eine kulturelle Vielfalt nicht nur menschlich, sondern auch in der Gastronomie, ist gegeben.

Von Sushi über Currywurst bis hin zu Pizza wird alles angeboten. Köstlichkeiten, welche zu Geschmacksexplosionen führen können, sind hier Standard. Wer somit Baguettes und Meerestiere nicht zu seinen Lieblingsspeisen zählt, der kommt in Paris dennoch voll und ganz auf seine Kosten.

Langeweile in der französischen Hauptstadt gibt es nicht. Die Angebote sind so umfangreich und vielseitig, dass immer das perfekte Angebot gefunden werden kann. Sie sind modebewusst und lieben die neusten Outfits und auch kulturell sind Sie angehaucht? Dann ist Paris genau die richtige Stadt für Sie. Doch auch Menschen, die es ausgeflippt und kreativ mögen sowie Kinder kommen hier voll und ganz auf ihre Kosten. Paris ist eben Paris.

Paris ist zudem so besonders, weil man an jeder Ecke eine faszinierende Sehenswürdigkeit entdecken kann. Bekannt ist die Stadt jedoch auch gerade wegen ihrer zahlreichen Museen. Wer Kultur erleben möchte, der kann das in dieser Stadt zu günstigen Preisen. Einen Besuch ist sicherlich das Museum Picasso wert. Dieses befindet sich im 3. Arrondissement, direkt an der 5 Rue de Thorigny. Von Dienstag bis Freitag können Sie das Museum in der Zeit von

10:30 Uhr bis 18:00 Uhr und am Wochenende sowie feiertags in der Zeit von 9:30 bis 18:00 Uhr besuchen. Erwachsene zahlen einen Eintrittspreis von 12,50 Euro und Kinder sowie Jugendliche unter 26 Jahren können das Museum kostenlos besuchen. Dies gilt auch für Personen mit einer Behinderung und deren Begleitperson. Wer sich den Eintrittspreis sparen möchte, der sollte am 1. Sonntag im Monat das Museum besuchen, denn an diesem Tag dürfen alle Besucher kostenlos eintreten.

Was jedoch an Paris ein weiteres besonderes Highlight ist, das man nicht vergessen sollte, sind die französischen Gaumenfreuden. Paris ist bekannt für seine Köstlichkeiten. Sie sollten unbedingt, wenn Sie die Stadt der Liebe besuchen, auch die französische Küche kennenlernen. Die sich dort befindliche Küche wurde von der UNESCO als sogenanntes immaterielles Kulturerbe ausgezeichnet. Selbstverständlich müssen Sie in Frankreich keine Froschschenkel verzehren oder Schnecken, welche von Franzosen geliebt werden. Versuchen Sie ein ganz unspektakuläres Croissant oder ein Eclair aus einer der zahlreichen Bäckereien. Des Weiteren ist Frankreich natürlich auch für seine über 400 unterschiedlichen

Käsesorten bekannt. Ein Besuch in einem Käsegeschäft ist hier verpflichtend.

Sie werden schnell merken, wenn Sie Paris besuchen und durch die Gassen schlendern, dass sich sehr viele Altbauten in der Stadt befinden, doch gerade diese geben Paris ein ganz besonderes Flair. Moderne Gebäude befinden sich eher an den Randbezirken. Alles in allem besteht Paris heute aus einem Gemisch aus alt und neu. Der Kontrast ist wirklich erstaunlich und absolut passend. Straßenkünstler haben sich zudem an zahlreichen alten Pariser Fassaden verewigt. Hierbei sind wunderschöne und ansprechende Werke entstanden.

Besonders ansprechend sind in Paris zudem die Seineufer, welche über 37 Brücken miteinander verbunden sind. Grob gesagt besteht Paris aus zwei Teilen. Die Stadt wurde in das nördliche Seineufer und das Rechte unterteilt. Beide der Ufer wurden mit 37 Brücken zueinander verbunden. Hier könnte man jetzt glauben, es sind nur kleine Brücken, die sich irgendwo befinden, aber nein, es handelt sich bei jeder einzelnen Brücke um ein imposantes Bauwerk. Auf Ihrer Reise durch die Stadt werden Sie sicherlich nicht jede einzelne Brücke bewundern können. Doch anzuraten wären die Pont Alexandre III und die Pont de Arts. Die Letztere könnte Ihnen bekannt sein, da sie sich einen Namen in Paris gemacht hat. Einst befanden sich an ihr zahlreiche Liebesschlösser von verliebten Paaren. Wer den Kinofilm „Inception" gesehen hat, der sollte die Pont de Bir-Hakeim ebenfalls auf seiner Reise nicht auslassen. Denn genau diese Brücke ist weltberühmt durch diesen Kinofilm geworden.

Spaziert man so durch die Stadt der Liebe, wird man zahlreiche Terrassen entdecken. Diese gehören einfach zu Paris. Doch genau diese Terrassen haben nicht nur die Funktion, dass man das schöne Wetter mit der Familie oder mit Freunden genießt. Wussten Sie, das Pariser Wohnungen eher zweckmäßig sind? Große Räumlichkeiten, in denen man sich gerne zurückzieht, wird man nicht vorfinden. Genau aus diesem Grund findet das Leben von vielen in Paris lebenden Menschen auf diesen Terrassen statt. Diese Menschen verlegen ihr Leben nach draußen. Möchten Sie somit dem Pariser Flair etwas näherkommen, so besuchen Sie eine dieser Terrassen.

Die französische Hauptstadt ist zudem für ihr Dauergehupe bekannt und auch das oftmals hektische Treiben der Franzosen gehört zu Frank-reich einfach dazu. Wer es jedoch gerne etwas ruhi-ger hätte und diesem Stress nicht ausgesetzt sein möchte, der sollte im August nach Paris reisen. Sie werden sich wundern, wie ruhig es in diesem Monat in Paris ist, fast schon wie ausgestorben. Das liegt da-ran, dass im August Ferienzeit bei den Franzosen ist. Jeder verreist und genießt das Wetter an seinem Ur-laubsort. Touristen, welche in diesem Monat nach Frankreich reisen, werden die Ruhe schnell bemer-ken.

DIE GESCHICHTE DER STADT

Geschichtlich hat Paris sehr viel zu bieten, vielleicht sogar mehr als eine andere europäische Stadt. Ist Ihnen beispielsweise bekannt, dass Paris die erste Stadt war, welche über Hausnummern verfügte? Diese wurden 1463 erstmalig ins Leben gerufen. Archäologische Funde können belegen, dass es Paris bereits 4200 v. Chr. gegeben haben muss. Damals wurde die heutige Weltstadt Parisii genannt. Hierbei handelte es sich eher um einen keltischen Stamm, der später der Stadt ihren Namen gab. Etwa 52 v. Chr. ließen sich die Römer in Paris nieder. Sie eroberten die Stadt, jedoch gaben diese ihr den Namen Lutetia. Die Römer fingen an zu bauen und somit wuchs die Stadt in kürzester Zeit zu einem Imperium heran. Schnell konnte man Paläste, Amphitheater und auch Bäder vorfinden. Doch etwa 400 n. Chr. brach das römische Reich zusammen. Was einst so erfolgversprechend begann, endete in einer gering besiedelten Besatzungsstadt.

Der fränkische König Clodwig ernannte das heutige Paris 580 n. Chr. zur Hauptstadt des Landes. Für weitere 500 Jahre herrschten seine Nachkommen in dieser Stadt. Paris nahm erst richtige Formen an, als dann schließlich im Mittelalter die Sorbonne und nicht zu vergessen Notre-Dame errichtet wurden. Auch heute noch reisen Touristen aus der ganzen Welt an, um Notre-Dame zu besichtigen und dieses erstaunliche Bauwerk zu fotografieren.

Ein besonders trauriges Kapitel der Stadt ist sicherlich der Hundertjährige Krieg, welcher in den Jahren 1339 bis 1453 stattfand. Die Engländer besetzten die heutige Hauptstadt und somit verlor Paris seine Stellung als Hauptstadt. Doch im Jahre 1437 schaffte es Karl der VIII, die Stadt zurück zu erobern. In den Jahren 1562 bis 1598 fanden hier jedoch die Hugenottenkriege statt.

1654 bestieg der Sonnenkönig Ludwig XIV im Alter von nur 5 Jahren den Thron. Er hatte eine besonders verschwenderische Lebensweise. Doch er protzte nicht nur mit seinem Vermögen und gab es immer wieder gerne aus, er tat auch einiges Gute. Ludwig VIII kurbelte die Wirtschaft an und förderte die Kunst, aber auch Krankenhäuser wurden durch ihn erbaut und die Stadt erhielt Straßenlaternen. Selbst die Wasserversorgung wurde durch ihn modernisiert. Seine Residenz lag in Versailles, wo sich heute noch das berühmte Schloss befindet. Er hatte eine erstaunliche Amtszeit von 72 Jahren.

1789 begann dann die Französische Revolution mit dem Sturm auf die Bastille. Hier hieß es dann „Freiheit, Gleichheit und Brüderlichkeit". Die Monarchie wurde dann abgeschafft und die erste französische Republik wurde ins Leben gerufen. Im Jahr 1804 wurde dann Napoleon als erster französischer Kaiser gekrönt. Napoleon war von seiner Gier nach Reichtum und Macht zerfressen. Er wollte immer mehr besitzen, was am Ende sein Untergang war. Der Russlandfeldzug 1812 und Ende 1815 die Schlacht bei Waterloo ließen den Kaiser in sein Verderbnis führen. Vernichtende Niederlagen für Frankreich waren das Ergebnis.

Bereits im Mittelalter hatte die Kunst einen besonders hohen Stellenwert in Paris, welche sich durch ganz Europa hindurchzog. Das Zeitalter der Kunst wurde damals als das goldene Zeitalter oder auch „belle époque" bezeichnet. Der Surrealismus und auch der Dadaismus wurden in der heutigen Hauptstadt ins Leben gerufen. Zu dieser Zeit entstand auch der berühmte Turm des Gustave Eiffels. Ein besonderes Highlight war zu dieser Zeit sicherlich die Errichtung der ersten U-Bahnlinie.

Nach dem 1. Weltkrieg wurde die Stadt zu einem Treffpunkt vieler Berühmtheiten. Man konnte Dali, Hemingway, aber auch Picasso hier vorfinden. Die Kultur wuchs und das Nachtleben begeisterte zahlreiche Menschen. Paris wuchs und wuchs und wurde mit seinem Heranwachsen weltweit zu einer berühmten Stadt, welche man damals bis heute mindestens einmal gesehen haben musste.

Auch die Deutschen übernahmen einst die Herrschaft der Stadt. Dies war im Jahr 1940 der Fall unter Hitler. Dieser befahl seinem General von Chorlitz, Paris niederzubrennen. Doch er entschied sich dagegen, dank eines schwedischen Diplomaten, der ihn davon überzeugte, dass diese Stadt erhalten bleiben sollte. Viele Franzosen sehen auch heute noch General von Chorlitz als Retter der Stadt an.

Als der 2. Weltkrieg beendet wurde, lebte auch Paris auf. Die Stadt entwickelte sich nach und nach zu einem kulturellen Zentrum. Viele Immigranten ließen sich hier nieder und trugen ihren Beitrag zur heutigen weltberühmten Stadt Paris bei. Spazieren Sie heute durch Paris, so ist es nicht verkehrt, wenn Sie die Geschichte der Stadt kennen, denn so verstehen Sie die Kultur wesentlich besser und auch die architektonischen Bauwerke verleihen Ihnen ein ganz anderes Flair. Gerade Städtetrips in die französische Hauptstadt sind immer eine Reise wert.

WAS MACHT DIE BEWOHNER SO EINZIGARTIG?

In Paris leben rund 2,1 Millionen Menschen. Jeder einzelne von ihnen ist stolz auf die französische Hauptstadt und das lassen sie jeden wissen. Paris ist entlang der Seine geteilt. Auf der rechten Seite befinden sich die Bewohner auf der Rive Droite-Seite. Dieser Teil von Paris ist eher künstlerisch und böhmisch angehaucht. Die sich dort befindlichen Einwohner würden eher sterben als dass sie die andere linke Seite mit Namen River Gauche betreten würden, so sagt man. Die linke Seite ist eher gewöhnlich und bürgerlich gehalten, was einige Pariser als eher schlechte Seite bezeichnen. Somit kann man sagen, dass die besser betuchten Menschen eher auf der rechten Seite leben.

Sie werden schnell feststellen, wenn Sie in Paris durch die Gassen schlendern und in einem Café oder Restaurant einkehren, dass sich immer mal wieder jemand beschwert. Denken Sie jetzt nicht, dass das Essen oder die Bedienung schlecht sind. Franzosen, insbesondere Pariser, lieben es, sich zu beschweren. Eigentlich könnte man schnell den Eindruck gewinnen, dass man es einem Pariser einfach niemals recht machen kann. Anfangs sind Sie sicherlich schockiert, wie man denn so unhöflich sein kann oder Sie sind gar nicht der Meinung des Parisers, der sich gerade beschwert. Hier bleibt Ihnen nur, die Kritik einfach hinzunehmen und nicht weiter darüber nachzudenken. Beschwerden gehören zur französischen Hauptstadt und liegen an der Tagesordnung.

Möchten Sie sich mit einem Franzosen unterhalten und sind stolz, dass Sie der Sprache soweit gewachsen sind und Sie sich verständigen können? Sie werden sehr schnell eines Besseren belehrt, denn die Franzosen sprechen sehr schnell und verschlucken auch gerne mal ein paar Worte. Auch immer wieder werden Sie feststellen, dass Pariser Silben einfach umkehren. Welcher Sinn dahinter steckt, ist fraglich, jedoch wenn Sie sich unterhalten möchten, so müssen Sie sich an diese Art der Konversation gewöhnen. Auch sprechen Franzosen immer wieder von Orten, von denen Sie wahrscheinlich noch nie gehört haben. Sie sollten jedoch die Hoffnung nach einem guten Gespräch nicht aufgeben, denn Pariser lieben die Popkultur und wenn Sie sich hier ein bisschen auskennen, so können Sie jeden Pariser schnell beeindrucken.

Die Pariser sind zudem stolz, dass auch eine Fashion Week bei ihnen stattfindet, denn Pariser sind besonders modebewusste Menschen. Daher kann man auch davon sprechen, dass die Fashion Week in Paris das ganze Jahr anhält. Mal eben in den Supermarkt gehen in Jogginghose oder mit Flip-Flops ist undenkbar. Auch der Gang zum Briefkasten wird niemals im Schlafanzug stattfinden, selbst hier stylen sich die Franzosen perfekt. Pariser werden Sie mustern und Sie werden nur eine Chance haben, Kontakte zu schließen, wenn Sie perfekt gestylt sind und ein ansprechendes Parfum aufgelegt haben. Ebenso sollten Sie auf die Accessoires achten, welche Sie tragen, denn selbst hier sind Pariser besonders kritisch.

Zudem sind die Franzosen ein Volk, welches immer hektisch unterwegs ist, jedoch auch den Tag einfach genießen können. Bei Sonnenschein kann man sehr viele Franzosen auf den angelegten Terrassen vorfinden. Sie lieben zudem die Musik und die Romantik, daher kommt sicherlich auch die Bezeichnung „Stadt der Liebe". Spazieren Sie durch Paris, so werden Sie sicherlich einige Franzosen treffen, welche musizieren und vielleicht auch einer schönen Frau eine Aufwartung machen.

Auch Genussverächter sind die Pariser keinesfalls. Sie lieben ihre gute französische Küche und nehmen sich viel Zeit, nicht nur für die Zubereitung, sondern auch für den Verzehr. Hinzu kommt die Gastfreundlichkeit. Auch wenn Sie schon längst satt sind, so kann es Ihnen passieren, wenn Sie in einem Restaurant speisen, dass man Ihnen gerne noch nachfüllt. Hier müssen Sie sagen, dass Sie satt sind, ansonsten geht es oftmals so weiter.

WIE LEBT ES SICH IN PARIS?

Man könnte meinen, ein Leben in Paris ist wundervoll. Die schönen Bauten und die Kultur lassen keinerlei Wünsche offen. Doch Paris hat auch einige Schattenseiten. Wer in Paris leben möchte, der muss natürlich über dementsprechende Sprachkenntnisse verfügen, doch auch finanzielle Rücklagen sollten vorhanden sein. Es ist anzuraten, sich nicht direkt in der Hauptstadt anzusiedeln, da die Mieten hier besonders hoch sind. Alleinerziehende oder Familien mit Kindern gerade aus Deutschland kommend haben sich im Westen der Stadt angesiedelt. Die Franzosen sprechen hier von einem Sauerkrauthügel, da sehr viele Deutsche hier leben. Dies hängt sicherlich damit zusammen, dass sich hier Schulen und auch Kindergärten befinden, welche nach deutschen Lehrplänen unterrichtet werden. Der bevorzugte Ort ist Saint-Cloud.

Wer jedoch finanziell nicht so gut betucht ist, den verschlägt es oftmals nach Saint-Germain-en-Laye. Auch dort befindet sich eine deutsche Schule, jedoch sind die Mieten hier wesentlich günstiger. In der französischen Hauptstadt zu leben ist vielen Menschen kaum möglich, da diese ein besonders teures Pflaster ist. Zudem sind die Wohnungen sehr klein und es haben sich viele WGs gebildet. Gerade aus diesem Grund findet man viele Pariser Bewohner auf den zahlreichen Terrassen vor. Diese haben den Ruf, als 2. Wohnzimmer zu agieren.

Paris kennt natürlich auch soziale Problemzonen. Hier sollte man sich gerade als Urlauber fernhalten. Gerade in der Nacht ist es hier nicht ganz ungefährlich und Überfälle können stattfinden. Wer dann alleine unterwegs ist oder auch fremd in der Stadt ist, kann mit erheblichen Problemen rechnen. Daher ist immer anzuraten, die dunklen einsamen Gassen gerade in der Nacht zu vermeiden.

Sehenswürdigkeiten

Paris hat viele Sehenswürdigkeiten zu bieten, die jedes Jahr zahlreiche Besucher anlocken. Paris, die Hauptstadt von Frankreich und Stadt der Liebe, eine der bedeutendsten Großstädte Europas. Außerdem zählt Paris wie schon erwähnt zu den führenden Zentren weltweit für Kunst, Mode, Kultur und Gastronomie. Diese Stadt wird oft von Paaren besucht. Diese verbringen in dieser Stadt gerne einen romantischen Ausflug. Der Eiffelturm ist die bekannteste Sehenswürdigkeit, welche man in Paris finden kann. Natürlich besuchen nicht nur Paare die Stadt. Ebenso zieht es auch immer wieder Familien in diese wunderschöne Stadt. Natürlich befinden sich hier mehrere Sehenswürdigkeiten, die man sich unbedingt anschauen sollte.

Wenn Sie Ihren Urlaub in Paris planen, sollten Sie die verschiedenen Sehenswürdigkeiten besichtigen. Das praktische an der Stadt der Liebe ist, dass viele Sehenswürdigkeiten nah beieinander liegen. So können Sie an einem Tag mehrere dieser Attraktionen besuchen.

Musée du Louvre

Louvre ist ein Kunstmuseum, das in der Hauptstadt von Frankreich und am Fluss Seine liegt. Dieses Museum befindet sich in der ehemaligen Residenz Palais du Louvre der französischen Könige. Im Jahr 2018 besuchten ca. 10 Millionen Menschen dieses Museum. Das Louvre Museum ist eines der größten Museen der Welt. Zudem gilt dieses als das am meisten besuchte Museum weltweit.

In diesem können Sie Gegenstände aus der Geschichte und Kunst erblicken. Die ältesten Werke stammen aus der Steinzeit. Hier können Sie berühmte Bilder wie das der Mona Lisa bestaunen. Das Museum ist insgesamt 60.000 Quadratmeter groß. Man könnte auch sagen, dass dieses so groß wie 8 Fußballfelder ist. Auf der kompletten Fläche wird

Kunst gezeigt. Es gibt nur zwei Orte, die ein größeres Museum haben. Diese findet man zum einen in New York und zum anderen in Sankt Petersburg. Im Louvre arbeiten ca. 1800 Menschen.

Im Mittelalter gab es an der Stelle, wo der heutige Louvre steht, eine Festung. Diese benutzten die französischen Könige, um Paris zu verteidigen. Bevor die Stadt anfing zu wachsen, befand sich der Louvre am Rand dieser. Die damaligen Könige nutzten dieses Gebäude als ihren Wohnort. Schon damals hatte der Louvre eine Bibliothek. In der Renaissancezeit baute man einige Teile des Bauwerks Louvre neu.

Dieses Gebäude ist heute noch vorhanden und zudem ist einer der vorhandenen Flügel des heutigen Louvre ein Museum. Der zweite Flügel wurde erst etwas später um 1564 gebaut. Die vorhandenen Teile des Bauwerks bilden heute einen beeindruckenden Hof. Dieser Hof heißt Cour Carrée. Vor etwa einhundert Jahren beschloss König Ludwig der 14., im Schloss Versailles zu wohnen. Danach kamen die Franzosen auf die Idee, dass man im Louvre Kunstschätze aufbewahren könnte. Seit 1793 ist der Louvre ein Museum.

Der komplette Name des Museums ist Musée du Louvre. Früher durften Künstler sich nur an Wochentagen in diesem umsehen. Nur Sonntags erhielten alle Menschen Zutritt. Heute gibt es diese Regel nicht mehr. 1989 entstanden die Pyramiden aus Glas, welche sich auf dem Innenhof befinden. Dies sollte dazu beitragen, dass viel Licht in die Eingangshalle eindringen kann. Wie schon erwähnt befinden sich sehr viele Kunstwerke im Louvre. Die Sammlung umfasst ca. 380.000 Werke. Die komplette Sammlung wurde in acht Abteilungen unterteilt.

Der erste Bereich besteht aus den ältesten Kunstwerken aus dem Nahen Osten, die zweite Abteilung aus Kunst des Islams. Die Dritte besteht aus Kunst des Alten Ägyptens und die vierte Abteilung aus Kunst der alten Griechen und Römer. Der letzte Bereich besteht aus Malerei des Westens. Die Statuen, die „Nike von Samothrake" und die „Venus von Milo", sind die bekanntesten Statuen aus dem damaligen römischen Altertum. Diese stellen griechische Göttinnen dar. Die „Mona Lisa" ist ein bekanntes und weltberühmtes Gemälde aus der Renaissancezeit. „Der Geldwechsler und seine Frau" sind ebenfalls ein bekanntes Werk, welches man sich angesehen haben

muss. Hier können Sie auch Gemälde wie beispielsweise „Das Narrenschiff", „Selbstbildnis mit
Eryngium" und „die Hochzeit zu Kana" bestaunen.

Die Werke sind im Louvre in insgesamt drei Ge-
bäudeteilen verteilt, nämlich in Sully, Richelieu und
Denon. Außerdem sind diese auf vier Etagen zu finden. Es ist ratsam, dass Sie bequeme Schuhe anzie-
hen, da Sie im Louvre viel laufen müssen. Der Louvre
hat montags, donnerstags, samstags und sonntags
immer von 9:00-18:00 Uhr geöffnet. Mittwochs und
freitags sind die Öffnungszeiten von 9:00-21:45 Uhr.
Außerplanmäßige Ruhetage sind der 1. Januar, 1.
Mai, 1. November und der 25. Dezember.

Eine Eintrittskarte kostet 15,00 Euro. Kostenlosen Eintritt haben Jugendliche unter 18 Jahren sowie
EU-Bürger bis einschließlich 25 Jahren und zudem
Arbeitslose, Behinderte und natürlich deren Begleitperson. Außerdem haben alle Besucher am jeweils
ersten Sonntag eines Monats in der Zeit von Oktober
bis März und alle Besucher am 14. Juli immer wieder
freien Eintritt. Wenn Sie sich für einen Besuch im
Louvre entscheiden, sollten Sie genügend Zeit mit-
bringen. Im Sommer und während der französischen
Schulferien ist das Museum gut besucht. In dieser

Zeit müssen Sie mit langen Wartezeiten rechnen. Diese können Sie sich ersparen, wenn Sie Ihr Ticket vorab online bestellen. Dies lohnt sich besonders für die Wochenenden und die Hauptsaison.

Centre Pompidou

Der komplette Name vom Centre Pompidou ist Centre national d'art et de culture Georges Pompidou. Das Centre Pompidou finden Sie in der Nähe vom Forum des Halles im Quartier Beaubourg. Was für Sie vielleicht auch interessant sein könnte, Beaubourg ist für seine Kneipen sehr bekannt. Hier können Sie gut ausgehen und beispielsweise ein Gläschen trinken. Aber nun weitere Information über das Centre Pompidou.

Der Pompidou wurde als Kulturzentrum vom ehemaligen Staatspräsidenten eingeweiht. Um genau zu sein von Georges Pompidou. An diesem Ort befand sich zu Anfang nur ein Parkplatz und eine Brache. Dieser Platz sollte ab sofort besser genutzt werden.

Das Centre Pompidou ist ein modernes Centre für Kultur. Das Gebäude wurde von den Architekten Renzo Piano, Richard Rogers und dem Architekten Gianfranco Franchini entworfen. Das Centre

Pompidou ist ein architektonisches Wunderwerk des 20. Jahrhunderts.

Am 31. Januar 1977 eröffnete Präsident Giscard d'Estaing das Centre Pompidou. Dieses Gebäude war anders als die Anderen. Dieses wirkte von außen unübersichtlich. Auffallend an diesem Gebäude ist, dass es viele Rohre, Leitungen und Rolltreppen besitzt. Außerdem ist auffallend, dass die gesamte Versorgung direkt an der Fassade nach außen verlegt wurde. Die grünen Leitungen, die Sie von außen erkennen können, sind Wasserleitungen. Die gelben Leitungen sind für Strom und die Roten für die vorhandenen Rolltreppen. Außerdem können Sie an der Fassade die Rohre für die Belüftung und für die Klimaanlage entdecken.

Es wurde alles nach außen verlegt, damit im Inneren die Wände verschoben und gestaltet werden konnten. Dies war wichtig, da hier Ausstellungen präsentiert werden. Dieses Gebäude wirkt beeindruckend und ungewöhnlich. Bei der Größe dieses Bauwerks können Sie einen halben Tag hier verbringen. Ziel des Centre Pompidou war es, der französischen Bevölkerung freien Zugang zu Wissen zu ermöglichen. Dieses Gebäude besitzt 6 Etagen. Hier können

Sie die Bibliothèque Publique d'Information, das Museum für die Moderne Kunst, das Musikforschungszentrum IRCAM und Säle für Kino-Projektionen sowie das Theater und Vorträge kann man hier bestaunen.

Das Museum für Moderne Kunst besitzt eine großartige Sammlung von Kunst aus dem 20. Jahrhundert. Der Besuchermagnet dieses Gebäudes sind die Dauerausstellungen mit zahlreichen Werken von Größen wie beispielsweise Henri Matisse und Pablo Picasso. Ebenso kommen die immer wieder wechselnden Ausstellungen von berühmten Künstlern hinzu. Hier geht es um die Vielfalt der sich hier befindlichen Werke. Am Einlass werden Ihre Taschen kontrolliert. Nach dieser Kontrolle fahren Sie mit einer charakteristischen Rolltreppe nach oben.

Nach der Fertigstellung des Gebäudes war schon James Bond in diesem zu Besuch. Dies können Sie im Film Moonraker sehen. In diesem läuft James Bond durch die sich hier befindliche Fußgängerröhre. Diese beginnt am oberen Ende der Rolltreppe. Dort haben Sie einen tollen Blick über die Stadt Paris. Dieser tolle Blick reicht bis zum Eiffelturm und sogar bis hin zu Notre Dame. Hier haben Sie die

Möglichkeit, sich auf der Dachterrasse auszuruhen und etwas zu essen. Diese Aussicht ist zwar großartig, aber nicht ganz günstig. Wenn Sie auf die Aussichtsplattform gehen möchten, müssen Sie nichts extra bezahlen, da dieser Eintritt im Preis zum Museum oder der Ausstellung enthalten ist.

Sie haben aber auch die Möglichkeit, ein Panorama-Ticket zu kaufen. Dieses Ticket können Sie kaufen, wenn Sie die Aussicht bestaunen möchten, jedoch ohne das Museum zu besuchen. Sie können jeden Tag außer dienstags von 11:00 bis 21:00 Uhr das Centre Pompidou besuchen. Donnerstags können Sie sogar die Galerie 1 & 2 bis 23:00 Uhr besuchen. Das Centre Pompidou hat nur am 1. Mai geschlossen. Der Eintritt beträgt 14,00 Euro. Kostenlosen Eintritt erhalten Sie am 1. Sonntag des Monats. Wenn Sie nur die Besucherterrasse besuchen möchten, so bezahlen Sie lediglich 5,00 Euro für das Billet Panorama Ticket.

Musée d´Orsay

Das Musée d'Orsay ist ein Kunst Museum. Dieses ist direkt an der Seine gelegen, gegenüber von dem weltbekannten Jardin des Tuileries. Hier können Sie die einzigartige Kunst-Prominenz Frankreichs besichtigen, wie Werke von Paul Cézanne, Vincent van Gogh, Claude Monet und Auguste Rodin. Auch Werke von Édouard Manet, Henri Matisse und vielen anderen Künstlern werden hier ausgestellt.

Eigentlich diente das Gebäude einst als Bahnhof. Gare d'Orsay entstand 1900 zur Weltausstellung. Der Bau von Gare d'Orsay hatte für den Bau Vorgaben. Der Bau sollte sich unter dem eleganten Umfeld eingliedern. Von diesem Ort aus fuhren einst die Züge in den Südwesten Frankreichs. Im Jahr 1939 wurde der Verkehr dann letztendlich eingestellt. Der Grund war, dass die Bahnsteige für die immer länger werdenden Züge zu kurz wurden. Danach wurden in diesem leerstehenden Bahnhof Filme gedreht, wie beispielsweise in den 1960er Jahren die Kafka-Verfilmung „Der Prozess". Im Jahr 1970 gab es eine Genehmigung, um dieses Gebäude abzureißen. Dies passierte jedoch nicht, da sich der Kulturminister mit Namen Jacques Duhamel für den Erhalt des

Bauwerks einsetzte. 1977 wurde entschieden, dass der Bahnhof ein Museum wird. Im Jahr 1986 konnte das Museum eröffnet werden. 2011 wurde dieses komplett renoviert und zudem erweiterte man dieses.

Das Musée d'Orsay besteht aus 16.000 Quadratmetern. Hier können Sie über 4.000 Kunstwerke vorfinden. Diese stammen aus der Zeit von 1848 bis 1914. Als das Museum eröffnet wurde, wurden vereinzelte Teile anderer Sammlungen übernommen. Diese waren vom Musée du Jeu de Paume, vom Louvre und vom Musée national d'art moderne Centre Georges Pompidou. Wenn Sie das Musée d'Orsay besuchen, können Sie heute noch einzelne Spuren des Bahnhofes erkennen.

Hier können Sie in einer riesigen Halle Kunstwerke von bedeutenden französischen Künstlern bestaunen. Auch Skulpturen, Fotografien, Grafiken und Möbel stehen hier zur Besichtigung bereit. Die umfangreiche Sammlung französischer Impressionisten ist einzigartig. Außer montags hat das Museum Tag für Tag geöffnet. Sie können es von Dienstag bis Sonntag in der Zeit von 9:30 Uhr bis 18:00 Uhr besuchen. Donnerstags hat das Museum sogar bis 21:45 Uhr geöffnet. Der Eintritt kostet für Erwachsene 14,00 Euro. Wenn Sie donnerstags ab 18 Uhr das Museum besichtigen möchten, müssen Sie nur 11,00 Euro bezahlen. Auch hier gilt, dass EU-Bürger unter 26 Jahren und Behinderte und deren Begleitperson freien Eintritt haben. Am 1. Sonntag eines Monats darf man sich über freien Eintritt freuen.

Panthéon

Panthéon bedeutet auf griechisch Grabhügel. Die größten Berühmtheiten Frankreichs sind im Panthéon begraben. Darunter fallen Jean-Jacques Rousseau, Emile Zola, Marie Curie und viele andere. Das Panthéon ist die nationale Ruhmeshalle der Franzosen. Im Auftrag von Louis XV wurde das Gebäude zwischen 1764 und 1790 errichtet. Dieses sollte als Kirche der Abtei Sainte-Geneviève dienen. Das Panthéon bekam nach der französischen Revolution eine neue Funktion.

Es wurde zur Ruhmeshalle erkoren. Dieses Gebäude ist eines der wichtigsten Palastbauten Frankreichs. 1849 gelang es dem Physiker Jean Bernard León Foucault, durch ein Pendel, das er in der Kuppel aufhing, die Erdrotation zu beweisen. Das

Foucaultsche Pendel kam im Panthéon zum allerersten Mal zum Einsatz.

Wenn Sie an berühmte Persönlichkeiten denken, denken Sie bestimmt auch an Napoléon Bonaparte und Charles de Gaulle. Diese beiden Personen waren aber zu „groß", um hier mit den „gewöhnlichen" großen Franzosen begraben zu werden. Napoléon wurde im Invalidendom und Charles de Gaulle in seiner Heimat bestattet. Wenn Sie sich für einen Besuch im Panthéon entscheiden, können Sie dies mit einem Spaziergang durch das Quartier Latin und den Jardin du Luxembourg verbinden.

Das Panthéon hat vom 1. April bis zum 30. September immer von 10:00 bis 18:30 Uhr geöffnet. Vom 1. Oktober bis zum 31.März sind die Öffnungszeiten von 10:00 Uhr bis 18:00 Uhr. Nur am 1. Januar, 1. Mai und am 25. Dezember ist es geschlossen. Der Eintrittspreis beträgt hier nur 8,50 Euro für Erwachsene. Der ermäßigte Eintrittspreis liegt bei 6,00 Euro.

Cathédrale Notre Dame

Viele Kirchen heißen in Frankreich Notre Dame. Aber nur die Notre Dame de Paris ist eine der sicherlich weltweit bekanntesten und bedeutendsten Kathedralen in ganz Europa. Diese ist geprägt durch ihren Umriss. Die Kathedrale ist sehr berühmt. Hier wurde sogar Napoléon Bonaparte 1804 zum Kaiser gekrönt. Diese Kathedrale ist in Frankreich der Referenzpunkt null für alle Entfernungsangaben. Dies gilt zum Beispiel für die Autobahn. In dieser Kathedrale spielt der weltberühmte Klassiker „Der Glöckner von Notre Dame". Dieser wurde oft verfilmt und als Musical besungen.

Wenn Sie die Kirche besuchen, erwartet Sie im Inneren ein riesiger Raum. Dieser wird als Kirchenschiff bezeichnet. Dieses ist 135 m lang und 35 m hoch. 9.000 Menschen haben hier während eines Gottesdiensts Platz. Durch die großen Fenster, die aus Mosaik bestehen, gelangt in das Innere farbiges Licht. Die sich in der Kirche befindliche Fensterrose mit einem gigantischen Durchmesser von 12 m beeindruckt sehr. Notre Dame de Paris ist der Sitz vom Verwaltungsbezirk des Erzbischofs. Es dauerte über 200 Jahre, um diese Kirche zu erbauen. Der Bau dauerte von 1163 bis 1345. Dadurch gilt diese Kathedrale zu den frühesten gotischen Kirchen in Frankreich. 1793 wurden durch die französische Revolution Teile vom Innenraum zerstört. Zwischen 1847 und 1864 wurde durch die Leitung von dem Architekten Viollet-le-Duc ein Teil durch alte Aufzeichnungen wiederhergestellt. Dies betraf die Skulpturen und die Dekorationen.

Sie können auch die sich hier befindlichen 69 Meter hohen Türme besichtigen. Eine Besichtigung lohnt sich allemal, da Sie von dort aus eine tolle Aussicht auf Paris haben. Nur etwas bemerkenswerter sind die Wasserspeier. Diese haben ein fast gruseliges Aussehen. Diese Fabelwesen können Sie auch auf der „Galerie des Chimères" entdecken. An diese kommen Sie beim Aufstieg am rechten Turm vorbei. Bis 2012 läuteten 5 Glocken in den Türmen.

Diese wurden erneuert und seit 2013 ist nur noch ein 10-stimmiges Geläut vorhanden. Leider ist seit dem Feuer am 15. April 2019 die Kathedrale von Notre Dame geschlossen. Es müssen erst zahlreiche Arbeiten stattfinden, bevor die Kathedrale wieder eröffnet werden kann.

Arc de Triomphe

Der Arc de Triomphe steht über der Avenue des Champs-Élysées und über der Stadt Paris. Ein Teil der Achse des Louvre, Place de la Concorde und La Defense ist das Monument.

In der Mitte des verkehrsreichen Place Charles-de-Gaulle befindet sich der Bogen. 12 Große Straßen führen sternförmig auf diesen zu. Nach gewonnener Schlacht von Austerlitz gab Kaiser Napoléon 1806 den Bau vom Triumphbogen in Auftrag. Die Bauphase dauerte sehr lange. In dieser Zeit starben zwei der drei Architekten. Als Napoléon als Kaiser abdankte, wurden die Pläne vom Bau des Triumphbogens geändert. 1836 war der Bogen endlich fertig, aber Napoléon war zu dieser Zeit schon lange tot.

Der Triumphbogen ist 49,5 Meter hoch und 44,8 Meter breit. Er wird von Reliefs und zahlreichen beeindruckenden Figuren geschmückt, die sich allesamt mit dem Erbe der französischen Revolution beschäftigen. Cortot, Rude, Etex, Pradier und Lemaire haben die großen Figurgruppen auf dem sogenannten Bogen erschaffen. Diese Figuren heißen „Der Triumph von 1810", "Widerstand", "Frieden" und „La Marseillaise" oder „Auszug der Freiwilligen von

1792". Unter diesem Bogen befindet sich ein Grabmal. Um genauer zu sein das Grabmal eines noch heute unbekannten Soldaten, welcher im 1. Weltkrieg gefallen war. Auf diesem Grab brennt seit 1920 eine ewige Flamme. Diese soll an alle toten Soldaten gedenken, welche man niemals identifizieren konnte.

Auf dem Triumphbogen kann man eine Aussichtsterrasse vorfinden. Von dieser haben Sie einen wundervollen und unvergesslichen Blick über die bekannte Avenue des Champs-Élysées. Der Ausblick reicht bis hin zum Louvre. Außerdem haben Sie eine fantastische Aussicht auf das Zentrum von Paris. Der Vorteil von dieser Aussichtsplattform ist, dass Sie sogar den Eiffelturm erblicken können. Unter der Plattform befindet sich auch ein ansprechendes Museum. Hier wird die Geschichte des interessanten Arc de Triomphe gezeigt. Wenn Sie ins Museum möchten, können Sie einen Fahrstuhl benutzen. Auf die Plattform gelangen Sie nur über eine Treppe. Hier beträgt die Wartezeit maximal 20-25 Minuten. In der Woche kommen Sie oftmals ohne Wartezeit aus.

Der Arc de Triomphe hat vom 1. April bis zum

30. September von 10:00 bis 23:00 Uhr geöffnet. Vom 1. Oktober bis zum 31. März sind die Öffnungszeiten von 10:00 Uhr bis 22:30 Uhr. Der Arc de Triomphe ist am 1. Januar, 1. Mai, 25. Dezember und an den Vormittagen des 8. Mai, 14. Juli und 11. November geschlossen. Der Eintrittspreis beträgt für Erwachsene 9,50 Euro. Kostenlosen Eintritt haben Jugendliche unter 18 Jahren, junge Menschen zwischen 18 und 25 Jahren, die aus einem Land der EU stammen sowie Behinderte mit einer Begleitperson.

Sainte-Chapelle

Bei der Sainte-Chapelle handelt es sich um eine ehemalige Palastkapelle der königlichen Residenz Palais de la Cité auf der Île de la Cité in Paris. Sie wurde in dem Jahr 1244 bis hin zum Jahr 1248 erbaut und steht somit beispielhaft und imposant für den hochgotischen Stil des 13. Jahrhunderts. Es konnte nicht klargestellt werden, wer der Architekt war, jedoch vermutete man Pierre de Montreuil.

Bei dem Bauwerk handelt es sich um eine beeindruckende, zweistöckige Palastkapelle, welche mit einer niedrigen Unterkapelle versehen ist. Im Gegensatz zu der Unterkapelle ist die Oberkapelle hoch. In dieser wurden die Reliquien aufbewahrt. Dieser Teil war jedoch für das normale Volk verschlossen. Zudem verzierten kostbare bunte Glasfenster die hohen Wände. Die Fenster erstreckten sich auf einer Fläche von 600 m², wovon zwei Drittel noch original aus dem 13. Jahrhundert stammen.

Das restliche Drittel wurde im 19. Jahrhundert erneuert. Der Auftraggeber für die Kapelle war König Ludwig IX. mit dem Grund, die kostbaren Passionsreliquien und die Spitze der heiligen Lanze, die in der Pharao-Kapelle in Konstantinopel aufbewahrt wurden, aufzunehmen. Der König kaufte sie für eine enorm hohe Summe im Jahre 1237 dem italienischen Balduin II. ab. Nach dem es im Jahr 1630 einen Brand in der Kapelle gab, wurde sie restauriert. Sie wurde während der französischen Revolution 1793 schwer beschädigt und geplündert und viele Reliquien wurden vernichtet. Daraufhin hing jahrelang ein Schild mit den Worten „Nationaleigentum zu verkaufen" an ihr, bis sie dann 1790 abgerissen werden sollte, was aber verhindert werden konnte.

Später wurde der Bau unter dem Bürgerkönig Louis Philippe saniert. Die Restaurierung war der Wendepunkt der oberflächlichen Vorstellung mittelalterlicher Kirchenräume. Statt der neutral weiß gestrichenen Räume wurden verschiedene Farben angewendet, was viel Empörung auslöste. Heutzutage kann man die Kapelle für wenig Geld besichtigen. Erwachsene zahlen 10,00 Euro Eintritt und Kinder unter 18 Jahren zahlen 8,00 Euro. Jugendliche im Alter von 18 bis 25 Jahren aus einem EU Land sowie behinderte Personen mit Begleitung bezahlen einen ermäßigten Eintritt von ebenfalls nur 8,00 Euro.

Conciergerie

Die Conciergerie auf der Île de la Cité war vom 10. bis zum 14. Jahrhundert der Palast und Sitz der Könige. Dieser wurde unter Louis IX und Philip IV ausgebaut und erweitert. Louis IX ließ die Saint Chapelle mit den großen Glasmosaiken errichten. Mit 64 Metern Länge war die Grande Halle damals der größte Saal in Europa. Im Jahre 1358 kam es zu einem Überfall auf den Palast de la Cité.

Daraufhin floh die königliche Familie und überließ dem Parlament den Palast. Er wurde zum Sitz des royalen Verwalters. Im Laufe der Zeit wurde die Conciergerie zu einem Gefängnis ausgebaut. Besonders während der französischen Revolution erlangte sie Berühmtheit. Hier wurden von April 1793 bis Mai 1795 die Sitzungen der Revolutionstribunale abgehalten. Bei diesen Sitzungen wurden fast dreitausend Menschen zum Tode verurteilt. Die berühmteste Gefangene ist wohl Marie-Antoinette. Sie wurde am 16. Oktober 1793 auf dem Revolutionsplatz mit der Guillotine enthauptet. Nach der Restauration wurde die Conciergerie weiter als Gefängnis genutzt. Napoleon III war hier zeitweise in Haft.

Heute ist der Palais öffentlich. Allerdings nimmt die Justizverwaltung den größten Teil des Gebäudes ein, sodass nur ein sehr kleiner Teil für Besucher geöffnet ist. Sie haben die Möglichkeit, sich die Säle des königlichen Palastes anzusehen. Diese stammen aus dem 14. Jahrhundert. Auch die original erhaltenen Zellen des Revolution-Gefängnisses und den Gefangenenhof können Sie sich ansehen. Zum Ende sehen die Besucher die nachgebaute Zelle von Marie-Antoinette. Im Vergleich zu den normalen Zellen war diese sehr luxuriös.

Diese beinhaltet ein Bett, einen Sekretär, mehrere Stühle und eine Waschgelegenheit. Im restlichen Museum können Sie Gegenstände der Revolution wie die Guillotine oder Räume der Palastwache sowie eine Wachstube und ein Untersuchungszimmer bestaunen. Auch von außen sollten Sie sich das

Gebäude ansehen. Es ist im gotischen Stil mit 2 Türmen erbaut. An einem der Türme wurde im 14. Jahrhundert die erste öffentliche Uhr von Paris angebracht.

Für Besucher ist die Conciergerie täglich von 9:30 Uhr bis 18:00 Uhr geöffnet. Lediglich am 1. Januar, am 1. Mai und am 25. Dezember bleibt das Gebäude geschlossen. Erwachsene zahlen hier 8,50 Euro Eintritt. Der ermäßigte Eintritt beträgt 6,50 Euro. Junge Leute unter 25 Jahren sowie Behinderte mit Begleitperson haben kostenlosen Eintritt. Zwischen März und Dezember haben alle Personen jeweils am ersten Sonntag des Monats kostenlosen Zugang.

Galeries nationales du Grand Palais

Das Grand Palais wurde von 1897 bis 1900 an der Avenue Nicolais II, welche ebenfalls neu erschaffen wurde, erbaut. Heute heißt die Straße Avenue Winston Churchill. Das Grand Palais wurde als Ausstellungsgebäude für die Weltausstellung 1900 errichtet. Es dient heute den staatlichen Museen als Räumlichkeit für Wechselausstellungen. Im Jahre 1896 gewannen Henri-Adolphe-Auguste Deglane (1855–1931), Louis-Albert Louvet (1860–1936), Albert-

Félix-Théophile Thomas (1847–1907) und Charles-Louis Girault (1851–1932) einen Wettbewerb, der nur französischen Architekten galt. Girault erhielt die Leitung des Projektes. Die Einweihung das Grand Palais fand am 1.Mai 1900 durch Präsident Loubet statt.

Der Grand Palais erstrahlt mit seiner Steinarchitektur im klassizistischen Barock. Das Gebäude erstreckt sich auf eine Länge von 240 Metern und wird durch Säulen gegliedert und durch Figuren geschmückt. Es ist 44 Meter hoch. Das Hauptportal befindet sich an der Avenue Winston Churchill. An den vier abgeschrägten Enden der Flügelbauten befinden sich mit großen Freitreppen die eigentlichen Eingänge. Auf dem kreuzförmigen Grundriss im Inneren findet man einen Ingenieurbau aus Eisen und Glas. Die Ausstellungsfläche ist mit 5000 m² sehr weiträumig.

Auch nach der Weltausstellung 1900 fanden weitere Kunstausstellungen statt. So war es 1901 bis 1961 der Ort für die Automobilausstellung. Auch wurde Grand Palais für Buchmessen, Landwirtschaftsgeräteausstellungen, Modeveranstaltungen und Konzerte genutzt. Ebenso fanden Reitturniere

hier statt. 1964 wurde der Nordflügel in Galerie-
räume umgebaut. Die Renoir-Retrospektive 1985
und die Manet-Ausstellung 1983 gehören zu den er-
folgreichsten Ausstellungen. Im Juni 1993 stürzte
ein Niet des Glasdaches während einer Antiquitäten-
messe herab. Daraufhin fand eine 12-Jährige Grund-
sanierung statt.

Seit September 2005 ist das Grand Palais Teil
der staatlichen Museen. Hier befindet sich das Wissenschaftsmuseum. In einem Gebäudeteil ist eine
Polizeistation untergebracht. Chanel zeigt seit 2006
zwei Mal jährlich ihre Laufstegkollektion mit gro-
ßem Aufwand und riesigen Kulissen. Bei der Pariser
Modewoche gelten die Chanelshows als Höhepunkt
aufgrund der Größe und des Zuschauerfassungsver-
mögens. In der Adventszeit gibt es seit Dezember
2012 eine große Indoor-Eisbahn. 2024 sollen hier
die Fechtwettbewerbe der Olympischen Spiele aus-
getragen werden.

Einlass nach der Reservierung von 10:00-13:00
Uhr. Ohne Reservierung ab 13:00 Uhr. Eintritts-
preise sind unterschiedlich je nach Ausstellung. Der
Eintritt für Kinder und Jugendliche unter 16 Jahre ist
kostenlos.

Eiffelturm

Der Eiffelturm, der weltweit bekannt ist, ist nicht nur ein Wahrzeichen, sondern die Franzosen sind auf dieses Bauwerk auch mehr als stolz. Dieser ist 324 m hoch. Der Eiffelturm wurde von 1887 bis ins Jahr 1889 gebaut. Seit dem 31. März 1889 können Touristen diesen besichtigen.

Der letzte Umbau fand im Jahr 2000 statt. Der Eiffelturm wurde nach Gustave Eiffel benannt. Hierbei handelt es sich um einen Eisenfachwerkturm. Er steht im 7. Arrondissement am nordwestlichen Ende vom Marsfeld. Auch er steht nahe am Ufer der Seine. Dieses Bauwerk wurde in großen Dimensionen gehalten. Es wurde als Eingangsportal und Aussichtsturm errichtet. Ebenso wurde dieser einst für die bekannte und immer noch in aller Munde damalige Weltausstellung zur Erinnerung an den 100. Jahrestag der Französischen Revolution erbaut.

Bis zur Fertigstellung des Chrysler Building 1930 war der Eiffelturm mit seinen damals 312 m, was sich im Laufe der Zeit geändert hatte, das höchste Bauwerk der Welt. Durch die technischen Möglichkeiten der Industrialisierung kamen verschiedene Ideen auf. Besonders Turmbauwerke spiegelten den damaligen Zeitgeist wieder.

Der Engländer Richard Trevithick schlug im Jahr 1833 vor, eine Säule zu bauen, die 304,8 Meter hoch ist und von 1000 getragenen gusseisernen Säulen mit einem Durchmesser von 30,0 Metern versehen ist. Kurz nach der Veröffentlichung seiner Pläne starb Richard Trevithick. Aber zwei amerikanische Ingenieure griffen diese Idee auf und waren von dieser so begeistert, dass sie einen solchen Turm für die Weltausstellung im Jahre 1876 in Philadelphia erbauen wollten.

Dieses Vorhaben wurde jedoch ebenfalls nicht verwirklicht. Mit dem heutigen wissen, dass dieses Bauwerk mit großer Wahrscheinlichkeit den Windschwingungen zum Opfer gefallen wäre, ist man froh, dass es niemals zu einem solchen Bau gekommen ist. Im Jahre 1881 kehrte dann der Ingenieur Amédée Sébillot von seiner Riese aus Amerika zurück nach Frankreich. Er kam mit der einmaligen Idee, das gesamte Stadtgebiet von Paris zu beleuchten. Dies wollte er mit einem spektakulären Leuchtfeuer auf einem „Sonnenturm" umsetzen. Im Mai 1884 verkündete die französische Regierung ihr Vorhaben, eine Weltausstellung im Jahr 1889 zu veranstalten. Der französische Ingenieur Amédée Sébillot fasste mit Jules Bourdais, dem damaligen Erbauer des Palais du Trocadéro, entsprechende Pläne. Sie erstellten einen Entwurf vor, der an eine romantisierende Rekonstruktion des Leuchtturms von Pharos mit seiner Vielzahl an Verzierungen erinnerte.

Dieser Entwurf sorgte für große Vorbehalte, welche sogar bis hin zum offiziellen Planungswettbewerb im Mai 1886 immer wieder öffentlich diskutiert wurden. Dadurch, dass dieser auch technisch nicht umsetzbar war, blieb auch diese Idee unwirklich.

Seit 1964 ist der Eiffelturm denkmalgeschützt. Bereits vor Baubeginn bildete sich eine Gruppe von Intellektuellen und einigen Künstlern, die gegen den Bau des heutigen Eiffelturms waren. Zum Beispiel der Kunst- und Kulturhistoriker mit Namen Jacob Burckhard sah in dem Eiffelturm nur eine Reklame. Eine Reklame, welche für die gedankenlosen Tagediebe erbracht werden sollte. Hierbei handelte es sich um Tagediebe in Amerika und Europa.

Wenn Sie den Eiffelturm besichtigen möchten, haben Sie die Möglichkeit, die Etagen 1 bis 3 zu besichtigen. Die erste und zweite Etage können Sie zu Fuß über eine Treppe erreichen. Wenn Sie auf die 3. Etage möchten, müssen Sie den Aufzug benutzen. Am Eiffelturm werden täglich lange Warteschlangen erwartet. Damit Sie diese umgehen können, bietet es sich an, ein Ticket vorab online zu kaufen.

Avenue des Champs Élysées

Die Avenue des Champs-Élysées ist eine Prachtstraße der französischen Hauptstadt und wird umgangssprachlich auch Les Champs oder Champs-Élysées genannt. Sie reicht mit ihrer 70 Meter Breite und 1910 Metern Länge vom Place de la Concorde bis zum Place Charles-de-Gauile. Champs-Élysées war nicht immer der Name dieser Straße.

1670 war die erste offizielle Bezeichnung für die Avenue Grande Allée du Roule, dann 1680 erhielt sie den Namen Avenue du Palais des Tuileries und schließlich 1778 im unteren Bereich Avenue de la Grille Royale und im oberen Avenue de Neuilly. Erst seit 1789 trägt sie ihren heutigen Namen Champs-Élysées.

Die Parkanlage Jardin des Chams-Élysées säumt im unteren Bereich die Avenue beidseitig ein. Hier befinden sich zudem zwei Gebäude der ehemaligen

Weltausstellung von 1900. Das städtische Museum der schönen Künste befindet sich im Petit Palais, im Grand Palais befindet sich hingegen das wissenschaftliche Museum.

Weiter nördlich liegt der Jardin des Champs-Élysées, der Garten des Élysée-Palastes. Hier ist seit 1873 der Amtssitz des französischen Staatspräsidenten. In der Nähe findet man auch das Théâtre Marigny und das Théâtre du Rond-Point. Das Théâtre des Champs-Élysées findet man in einer kleinen, aber ansprechenden Seitenstraße. Die berühmten Geschäfte, Kinos, Cafés und auch ein paar kleine Restaurants haben sich im oberen, westlichen Abschnitt der Champs-Élysées, jenseits der Kreuzung des Rond-Point des Champs-Élysées, angesiedelt.

Maria von Medici ließ 1616 am Nordufer der Seine eine Promenade mit Baumreihen bepflanzen, dem Cours la Reine, die heute noch bestehen. Zuvor bestand dieses Gebiet aus Feldern und wunderschönen Gärten. 1667 gestaltete André Le Nôtre unter Ludwig XIV. parallel zum Cours la Reine eine zweite Promenade, den Grand Cours. Durch die gewachsenen Baumgruppen ergaben sich rechteckige Lichtungen, zahlreiche Gärten der Gebäude grenzten beeindruckend an den Park. Hierdurch wurde die Champs-Élysées Ende des 18. Jahrhunderts sehr beliebt.

In den Besitz der Stadt Paris gelangte die Avenue erst im Jahre 1828. Sie fügte Fußwege, Brunnen und gasbetriebene Straßenbeleuchtungen hinzu. Am Grand Palais, welcher für die Weltausstellung 1900 erbaut wurde, zeigt sich, dass die Champs-Élysée am Ende des 19. Jahrhunderts zur Einkaufsmeile und Prachtstraße des großbürgerlichen Paris wurde.

Die Avenue wurde mehrfach baulich verändert, zuletzt wurden 1993 die Fußwege verbreitert. Die Tour de France endete am 20. Juli 1975 erstmals auf der Avenue. Da die Mieten auf der Champs-Élysée sehr hoch sind, leben nur sehr wenige Menschen hier. Handelsvertretungen, Versicherungen und Banken nutzen die oberen Stockwerke der Gebäude. Ladenpassagen, Cafés, Geschäfte, Restaurants und Kinos befinden sich im Erdgeschoss. Alteingesessene und luxuriöse Unternehmen sind der bekannte Parfümhersteller Guerlain, das lohnenswerte Restaurant Le Fouquet's und das Revuetheater Lido, ebenso der weltbekannte Luxuskonzern Louis Vuitton. Heute findet man aber auch Foodketten wie Mc

Donalds oder Geschäfte wie H&M auf der Avenue. Die Geschäfte haben in der Regel Montag bis Sonntag zwischen 10:00 Uhr und 19:00 Uhr geöffnet.

WANN GEHT DAS LICHT AM EIFFELTURM AN?

Wer einen Städtetrip nach Paris plant, der muss in der Stadt der Liebe auch den Eiffelturm gesehen haben. Tagsüber ist hier besonders viel Trubel, denn nicht nur der Eiffelturm zieht zahlreiche Menschen in ihren Bann, sondern auch der sich in unmittelbarer Nähe befindliche Park.

Doch ohne Frage ist der Eiffelturm besonders schön am Abend anzuschauen, wenn dieser in seiner ganzen Pracht erstrahlt. Wenn es langsam dunkel wird, so blinkt dieser zu jeder vollen Stunde. Das Spektakel hält dann jeweils immer für 5 Minuten an und ist wirklich beeindruckend. Etwa gegen 1 Uhr in der Nacht legt sich dann auch der Eiffelturm zur Ruhe und die etwa 20000 Lampen erlöschen. Kaum einer weiß es, jedoch sind etwa 40000 Stromkabel dafür verantwortlich, dass der Eiffelturm jeden Abend erstrahlt und ein ganz besonderer Zauber sich über Paris legt. Wer die französische Hauptstadt zum Jahreswechsel besucht, der darf noch einiges mehr erwarten.

Denn um Punkt 0 Uhr wird dieser in ein ganz besonderes Licht getaucht. Zahlreiche Raketen und unterschiedliche Farben vereinen sich um den Eiffelturm. Ein Bild, welches Sie nicht so schnell wieder vergessen werden. Hier empfehlen wir, dass Sie sich kurz vor dem Jahreswechsel auf einen Hügel begeben, der in unmittelbarer Nähe ist. Der Ausblick von dort ist spektakulär. Nur denken Sie daran, dass diese Idee auch viele andere Besucher haben. Wenn Sie frühzeitig dort eintreffen, besteht noch die Möglichkeit, einen guten Platz zu ergattern.

WAS IST DAS BEINHAUS?

Haben Sie schon einmal von dem Beinhaus in Paris gehört? Dieses sollten Sie sich nicht entgehen lassen. Die Katakomben in Paris sind bekannt bei vielen Touristen, aber auch bei Einheimischen als das Beinhaus. Wer einen Ausflug hierher unternehmen möchte, der muss starke Nerven haben, denn nicht für jeden ist der sich hier bietende Anblick eine

Wonne. In den Katakomben befinden sich zwischen 7 und 8 Millionen Gebeine von Menschen. Wenn man glaubt, dass es sich hierbei um Nachbildungen handelt, der täuscht sich. Ende des 18. Jahrhunderts wurden von unterschiedlichen Friedhöfen in ganz Paris die Gebeine in die Katakomben verlagert. Ein sicherlich grauenvoller Anblick für den einen oder anderen.

Man sagt zudem, dass sich in den Katakomben auch die Gebeine von berühmten Persönlichkeiten befinden sollen. Die Rede ist hier von beispielsweise Fontaine und Rabelais. Doch nicht nur die Gebeine von vielen Personen findet man in dem Beinhaus, sondern später wurden auch Personen gleich nach ihrem Tod in dem Beinhaus beigesetzt. Das heutige Museum lockt jährlich etwa 300000 Menschen an.

Geheimtipps

Wer in die Stadt der Liebe reist, der schaut sich meistens eher die offensichtlichen Dinge an, wie den Eiffelturm oder besucht Moulin Rouge. Sicherlich eine tolle Erfahrung, doch wenn Sie Paris einmal anders kennenlernen möchten, so wie Einheimische die Stadt kennen, dann haben wir einige Insider-Tipps für Sie. Auch die besten Hotels und Restaurants, welche man einfach auf seinem Städtetrip besuchen sollte, möchten wir Ihnen nicht vorenthalten. Paris ist so vielseitig, dass wir Ihnen empfehlen, vor der Anreise einen Plan zu erstellen, welche

Sehenswürdigkeiten Sie auf Ihrer Reise durch die Stadt der Liebe unbedingt mitnehmen möchten. Dass Paris ein unvergessliches Abenteuer für Sie sein wird, dafür sorgen wir in diesem Reiseführer.

DIE BESTEN HOTELS

Von kleinen Hotels über Pensionen bis hin zu Hostels und traumhafte Hotels mit einem Rundum-Service hat Paris wirklich alles zu bieten. Bevor sie stundenlang nach einer perfekten Unterkunft suchen, möchten wir Ihnen einige Tipps geben. Selbstverständlich kommt es hier auf einige Faktoren an. Stellen Sie sich vorab die Frage, welches Budget Ihnen zur Verfügung steht. Suchen Sie eher nach einem Schlafplatz oder ist Ihnen ein guter Service ebenfalls wichtig? Sollte die Unterkunft direkt in Paris sein oder darf diese sich auch außerhalb befinden?

Die günstigste Alternative, um in Paris zu übernachten ist, ein Hostel. Gehören Sie zu den Menschen, die den ganzen Tag unterwegs sind und nur eine Übernachtungsmöglichkeit suchen, dann ist ein solches die richtige Entscheidung. Ihnen wird für einen geringen Aufpreis auch ein Frühstück angeboten, dies ist aber nicht zwingend erforderlich, wenn Sie sich selbst versorgen.

Hostels
Generator Hostel in Paris
9-11 Place du Colonel Fabien, 10. Arrondissement

Ein privates Doppelzimmer erhält man zu einem Preis ab 78 Euro. Wer sich jedoch mit einem Bett in einem Schlafsaal zufriedengibt, der kann die Nacht bereits für 17 Euro in diesem Hostel verbringen.

Dieses Gebäude verfügt über 9 Stockwerke und ist mit einer fantastischen Dachterrasse versehen. Von hier aus kann man Montmartre und sogar die Sacré Coeur sehen. Am Abend nach einer ausgiebigen Sightseeing-Tour bietet diese Erholung pur.

St Christopher's Inn in Paris
Gare du Nord: 5, rue de Dunkerque, 10. Arrondissement; Canal: 159 rue de Crimée, 19

In diesem Hostel zahlt man für ein Bett im Schlafsaal pro Nacht 27 Euro, jedoch ist das Frühstück inbegriffen. Des Weiteren kann man sich über kostenloses

Internet freuen und auch über eine Stadtführung, welche ebenfalls kostenfrei angeboten wird.

Im unteren Bereich des St Christopher's Inn befindet sich ein Partykeller, den man unbedingt einmal gesehen haben muss, denn hier werden hervorragende und vor allem leckere Burger angeboten. Gerade wenn man am Abend nach etwas Ruhe Ausschau hält und noch etwas essen möchte, ist dieser Partykeller empfehlenswert.

The Three Ducks direkt am Eiffelturm in Paris
6, place Etienne Pernet, 15. Arrondissement

Für ein privates Doppelzimmer zahlt man hier pro Nacht ab 99 Euro, ein Bett im Schlafsaal kann man ab 29 Euro pro Nacht erhalten. Das Hostel ist besonders zentral gelegen, was ein großer Vorteil ist.

Hier kann man es sich wirklich gutgehen lassen, denn es befindet sich in diesem Hostel eine hauseigene Bar. Gerade am Abend wird hier für Stimmung gesorgt. Des Weiteren findet man im Innenhof eine Terrasse vor, an der man bei schönem Wetter frühstücken kann.

Hotels

Mama Shelter Chopin

109 Rue de Bagnolet, 20. Arrondissement

Der Einzelzimmerpreis liegt hier bei 79 Euro pro Nacht und für ein Doppelzimmer werden ab 89 Euro berechnet.

Dieses Hotel ist besonders modern ausgestattet und auf allen 170 Zimmern befinden sich Mikrowellen, welche bei dem Angebot, welches dieses Hotel zu bieten hat, sicherlich nur selten zum Einsatz kommen. Ein Restaurant sowie eine Bar sind am Abend stets geöffnet und zudem brechend voll. Am Wochenende darf man sich über Live-Musik freuen und wer etwas von dem Pariser Nachtleben miterleben möchte, der ist hier genau richtig.

Hotel des Grandes Ecoles

75 Rue du Cardinal Lemoine, 5. Arrangement

Die Preise für ein Einzel- bzw. Doppelzimmer liegen

bei 118 Euro. Es besteht die Möglichkeit, für 20 Euro extra pro Nacht ein Zustellbett zu verlangen.

Romantiker kommen in diesem Hotel voll und ganz auf ihre Kosten. Ein familiärer Service ist hier selbstverständlich. Restaurants, Bars und kleine Geschäfte findet man in unmittelbarer Nähe. Auch die Metro ist fußläufig schnell erreicht.

Hotel Jeanne d´Arc

3 Rue de Jarente, 4. Arrangement

Hier bezahlt man für ein Einzelzimmer ab 64 Euro und für ein Doppelzimmer ab 92 Euro pro Nacht. Für Familien werden auch Drei- und Vierbettzimmer angeboten. Wer am Morgen gerne ein Frühstück hätte, darf auch ein solches erwarten. Der Preis hierfür liegt bei 8 Euro pro Person.

Dieses Hotel ist sicherlich eher eine Pension, jedoch sauber und mit hervorragendem Service. Die zentrale Lage und auch das frisch renovierte Hotel sprechen für diese Unterkunft. Boutiquen, Restaurants und Bars findet man in unmittelbarer Nähe und auch die Metro ist schnell zu erreichen.

DIE BESTEN RESTAURANTS

L'Ange 20

44 Rue des Tournelles, 75004 Paris

Ein Bistro, welches die französische Küche perfekt ins rechte Licht rückt. Es befindet sich im Marais-Viertel und sollte von jedem Touristen einmal aufgesucht werden. Die Inhaber sind sehr freundlich und hilfsbereit.

Egal für welches Hauptgericht Sie sich entscheiden, Sie zahlen immer 17 Euro und die Portionen sind üppig. Möchten Sie sich an einem Menü versuchen, welches aus Vorspeise, Hauptspeise und Nachspeise besteht, so zahlen Sie 26 Euro.

Mobster Diner

20 Rue des Boulanger, 75005 Paris

Wer Lust auf Burger hat, der sollte hier einkehren. Sicherlich eines der besten Burger-Restaurants der Stadt. Das Preis-Leistungs-Verhältnis kann sich hier absolut sehen lassen. Die Bedienung ist immer zuvorkommend und hilfsbereit. Auch die amerikanische Deko aus den 30er Jahren spricht an.

Für einen hausgemachten Burger inklusive Pommes und einem Getränk zahlt man nur 10 Euro. Ein Preis, der sich in Paris absolut sehen lassen kann und satt wird man mit Sicherheit.

Le Chalet d'Avron
108 Rue de Montreuil, 75011 Paris

Beim ersten Anblick dieses Restaurants werden Sie denken, dass Sie in der falschen Stadt gelandet sind. Eine Berghütte, welche sich mitten in Paris befindet. Sehr leckere Speisen darf man hier erwarten und zudem ist es gemütlich und sehr urig.

Französische Gerichte sucht man hier jedoch vergebens. Es werden Gerichte aus der Alpengegend angeboten, wie beispielsweise ein leckeres Käse-Fondue. Preislich kann man sich auch nicht beschweren, jedoch kommt es hier auf die Wahl des Gerichtes an.

INSIDERTIPPS FÜR GEHEIME ORTE

Restaurant Le Potager

Möchten Sie typisch französisch speisen und das zu einem fairen Preis? So sollten Sie unbedingt das Restaurant Le Potager besuchen. Es befindet sich mitten in Montmartre. Das gemütlich eingerichtete Restaurant ist einfach einen Besuch wert. Angeboten werden hier köstliche Vorspeisen, Hauptgerichte, bei denen man die Wahl zwischen Fleisch und Fisch hat, und leckere Nachspeisen sind ebenfalls im Angebot vorhanden.

Geöffnet hat dieses Restaurant täglich in der Zeit von 19:00 bis 0:00 Uhr. Hauptspeisen sind hier ab einem Preis von 13 Euro erhältlich. Sollten Sie das Restaurant mit der Metro aufsuchen, so müssen Sie an der Station „Abesses" aussteigen.

Square du vert galant

Ein wunderschöner Ort, den man einfach gesehen haben muss. Mitten in der Seine befindet sich dieser traumhafte Ort, der einen fantastischen Blick auf faszinierende Gebäude für Sie bereithält. Unter den zahlreichen Weidenbäumen kann man perfekt ausruhen und die Umgebung auf sich wirken lassen.

Wenn Sie sich dazu entscheiden sollten, diesen Platz einmal zu besuchen, so ist die Metro Linie 7 am besten geeignet. Hier müssen Sie an der Station „Pont" aussteigen und auf die sich hier befindliche Brücke gehen. Ungefähr in der Mitte der Brücke befindet sich eine Statue, mit dem Namen Henry IV. und dahinter gleich eine Treppe. Diese müssen Sie hinuntergehen und sodann befinden Sie sich in dem Park Square du vert galant.

Marché du livre ancien et d'occasion

Am Stadtrand von Paris findet man den Marché du livre ancien et d'occasion. Hierbei handelt es sich um einen faszinierenden Büchermarkt. Touristen findet man hier kaum vor, da dieser Bücherflohmarkt ein echter Insider-Tipp ist. Sie kommen auch voll und ganz auf Ihre Kosten, wenn Sie kein Französisch sprechen. Denn hier findet man auch tolle Comics und Filmplakate. Der eine oder andere Händler hält auch deutschsprachige oder englische Bücher für Sie bereit.

Haben Sie diesen Flohmarkt besucht, so können Sie einen Abstecher zu dem sich in der Nähe befindlichen Flohmarkt Puces de Vanves machen. Dieser ist zwar bekannt bei Touristen, aber das bedeutet nicht, dass Sie hier nicht auf Ihre Kosten kommen werden. Zahlreiche Händler bieten teilweise einzigartige Artikel an. Vielleicht lässt sich hier ein unvergessliches Mitbringsel für die Daheimgebliebenen oder für sich selbst finden.

Der Marché du livre ancien et d'occasion kann Samstag und Sonntag immer zwischen 9:00 und 18:00 Uhr besucht werden und der Puces de Vanves Flohmarkt an den gleichen Tagen, jedoch nur zwischen 7:00 und 14:00 Uhr. Die Metroline 13 bringt Sie zu den Flohmärkten. Aussteigen müssen Sie hier an der Haltestelle Porte de Vanves. Dann einfach durch die Unterführung gehen und nach ca. 150 m gelangen Sie zu dem Bücherflohmarkt.

Marché des enfants rouges

In einer kleinen, eher unscheinbaren Straße von Paris befindet sich der Marché des enfants rouges. Ein beliebter Markt, gerade bei den Franzosen, welcher bereits seit 1615 besteht. Hier kommt man kulinarisch voll und ganz auf seine Kosten. Egal, ob Sie asiatisch, marokkanisch, indisch oder wie auch immer speisen möchten. Dieser Markt hält zahlreiche Köstlichkeiten für Sie bereit. Dank der zahlreichen Tische und Bänke können Sie es sich gemütlich machen und

Ihren Gaumen erfreuen. Touristen laufen gerne mal an diesem Stand, der sich im Marais-Viertel befindet, vorbei. Ich kann Ihnen nur raten, halten Sie nach diesem Markt Ausschau, es lohnt sich.

Damit Sie zum Markt gelangen, müssen Sie mit der Metro 8 fahren und an der Station Filles du Calvaire aussteigen. Einfach die Straße entlang laufen bis zur Rue de Brest. Das sind etwa 150 m. Geöffnet hat der Markt Dienstag bis Samstag in der Zeit von 8:30 bis 19:30 Uhr und am Sonntag in der Zeit von 8:30 bis 14:00 Uhr.

Einen kleinen Tipp hätte ich noch, wenn Sie den Markt besuchen. Schauen Sie sich nach dem Stand von Chez Alain um, der sich etwa in der Mitte des Marktes befindet. Hier gibt es traumhafte Baguettes, welche reichlich belegt und zudem preiswert sind.

Ground Control

Möchten Sie die Multikulti-Szene in Paris erleben? Gar kein Problem, denn im Osten der Stadt werden Sie auf diese treffen. Eine ganz andere Seite von Paris kann man auf dem alten Bahnhofsgelände vorfinden. Ansprechende Foodtrucks und trendige Bars darf man hier erwarten. Das Areal hat eine Größe von etwa 550 Quadratmetern und ist auch bei schlechtem Wetter einen Besuch wert. Es gibt einen Außen- und Innenbereich. Die sich dort befindliche Terrasse ist mit zahlreichen Liegestühlen versehen, die zum Ausruhen einladen. Im Innenbereich werden unterschiedliche Leckereien angeboten. Gerade am Abend treffen sich hier viele Pariser und genießen ihr Feierabendbier.

Auch kleine Geschäfte befinden sich hier, welche zum Bummeln einladen. Der Kreativität sind hier keine Grenzen gesetzt. Ground Control zählt zum Bahnhofsgelände Gare de Lyon und ist mit den Metro-Linien 1 und 14 schnell zu erreichen. Einen Eintrittspreis, um den Tag oder Abend hier zu genießen, müssen Sie nicht zahlen.

DIE ANREISE – SCHNELL UND UNKOMPLIZIERT

Wer nach Paris reisen möchte, der hat die Wahl zwischen zahlreichen Möglichkeiten. Hier zählt sicherlich der Preis, aber auch die Schnelligkeit. Wir möchten Ihnen die beliebtesten Anreisemöglichkeiten vorstellen.

1. Auto
2. Reisebus
3. Flugzeug
4. Bahn

Je nachdem, von wo Sie anreisen, sind die Fahrtstrecken und Preise recht unterschiedlich. Daher möchten wir Ihnen hier aus Düsseldorf nur die benötigte Zeit und Entfernung angeben für einen besseren Überblick.

Mit dem Auto
Fahrtzeit etwa 5,5 Stunden. (521 km)
Bitte beachten Sie, dass hier Mautgebühren anfallen

Mit dem Reisebus

Fahrtzeit etwa 8 Stunden

Preis etwa 35 Euro. Günstiger wird es, wenn Sie in der Nacht nach Paris reisen.

Mit dem Flugzeug

Flugzeit etwa 1,5 Stunden.

Preis für Hin- und Rückflug etwa 150 Euro.

Mit dem Zug

Fahrtzeit mit Thalys etwa 4,5 Stunden.

Preis etwa 90 Euro für eine Fahrt, jedoch muss man in Brüssel umsteigen.

Tägliche Ausgaben

Paris ist eine sehr teure Stadt und doch sehr begehrt. Weder Geschäfte noch Hotels oder Restaurants müssen um ihre Kundschaft buhlen. Daher ist es egal, ob ein Hamburger 5 Euro oder 15 Euro kostet. Er wird gekauft. Was für Touristen mit einem geringen Budget nicht immer ganz einfach ist.

Bietet Ihr Hotel das Frühstück kostenlos an, so sollten Sie keinesfalls auf dieses verzichten. Auf Deutsch gesagt, schlagen Sie sich den Magen voll. So sind Sie zumindest für den Vormittag versorgt. Eine Flasche Wasser oder etwas anderes zum Trinken sollten Sie sich jedoch unterwegs kaufen. Sie werden es brauchen.

Mittags können Sie eine Kleinigkeit essen. Zahlreiche Buden bieten französische Schlemmereien für auf die Hand an. Vielleicht ein Baguette oder Ähnliches. Doch ein solches kann Sie auch mal schnell zwischen 7 und 15 Euro kosten.

Am Abend können Sie sich etwas Leckeres gönnen, vielleicht in ein Restaurant gehen oder auch an einem der zahlreichen Foodtrucks anhalten. Doch auch hier müssen Sie mit bis zu 15 Euro an einem Foodtruck rechnen und der Besuch eines Restaurants kann zwischen 20 und 30 Euro kosten.

Möchten Sie am Tage irgendwelche Sehenswürdigkeiten besuchen, so dürfen Sie auch hier in die Tasche greifen.

Damit Sie einen schönen und entspannten Tag erleben können, sollten Sie täglich mit Ausgaben in Höhe von 70 bis 100 Euro rechnen. Wenn Sie besonders sparsam sind und auf Sehenswürdigkeiten größtenteils verzichten, kommen Sie eventuell auch mit 50 Euro am Tag aus.

Ein Tipp, den wir Ihnen noch ans Herz legen möchten, ist der Pari-Pass. Gerade wer viele

Sehenswürdigkeiten besuchen möchte, der sollte sich diesen anschaffen. Viele Sehenswürdigkeiten können Sie mit diesem Pass kostenlos besuchen oder der Eintrittspreis ist besonders gering. Auch den lästigen Warteschlangen können Sie so entgehen. Eine Tour mit dem Big Bus ist ebenfalls inbegriffen. Die Preise für einen solchen Pass, mit dem Sie mehr als 60 Sehenswürdigkeiten besuchen können, liegen zwischen 130 und 230 Euro für Erwachsene. Kinder zahlen weniger. Ebenso kommt es darauf an, an wie vielen Tagen Sie diesen Pass nutzen möchten.

Ebenso empfehlen wir die Paris Travelcard. Mit dieser können Sie während Ihres Aufenthalts die Metro kostenlos nutzen. Jedoch müssen Sie hier stets darauf achten, dass die Travelcard in Zonen eingeteilt ist. Sie dürfen mit dieser nur in den Zonen fahren, welche Sie vorab gewählt haben. Mit etwa 30 Euro müssen Sie jedoch für eine solche Karte rechnen. Hier sollten Sie sich überlegen, ob ein Tagesticket oder Einzelticket nicht preiswerter ist.

Tipps für das kleine Budget

W ir haben zwar bereits einige Tipps für den geringen Geldbeutel gegeben, doch es geht immer noch günstiger.

Günstige Unterkünfte

Wer auf der Suche nach einer wirklich preiswerten Unterkunft ist, die sich jeder leisten kann, für den haben wir einen besonders guten Tipp. Hier ist eine Ferienwohnung sicherlich eine sehr gute Wahl, denn in einer solchen können oftmals bis zu 4 Personen übernachten und diese sind bereits ab 39 Euro erhältlich. Jedoch sollte man sich schnell entscheiden, denn gerade Ferienwohnungen sind schnell weg, da jeder Tourist auf eine solche scharf ist.

Jedoch müssen Sie beachten, dass Sie in einer Ferienwohnung komplett auf sich alleine gestellt sind. Für das leibliche Wohl müssen Sie hier alleine sorgen und einen direkten Ansprechpartner gibt es hier auch nicht.

Die besten Restaurants

Viele Touristen bewegen sich eher um den Eiffelturm herum oder an anderen bekannten Sehenswürdigkeiten vorbei, daher werden die sich dort befindlichen Restaurants am häufigsten besucht. Das Essen ist hervorragend und der Service kann sich sehen lassen, jedoch sind die Preise sehr hoch.

Wer wirklich günstig essen gehen möchte, der sollte sich abseits der Hauptverkehrsgebiete bewegen. Schauen Sie mal in kleinen Gassen nach Restaurants oder vielleicht sogar eher im Umland von Paris. Hier können Sie, was das Essen angeht, echte Schnäppchen ergattern. Für sämtliche Gaumen wird das Richtige geboten und teilweise erhält man hier Hauptspeisen für nur 7 Euro.

Einen Tipp hätten wir noch für Sie. Natürlich gibt es auch in Paris Fastfoodketten, welche bereits aus Deutschland bekannt sind. Wer denkt, dass man hier günstig einen Hamburger kaufen kann, der täuscht sich. Die Preise sind enorm hoch. Des Weiteren sollte man wissen, dass hier eher Menüs verkauft werden, somit gehören zu jedem Hamburger mindestens eine Pommes und ein Getränk. Der Preis kann hier schnell mal die 15 Euro überschreiten. Daher aufgepasst, was die Preise angeht.

GÜNSTIGE SEHENSWÜRDIGKEITEN BESUCHEN

Wer nach Paris reist, der möchte natürlich auch die eine oder andere Sehenswürdigkeit besuchen. Stehen auf Ihrer Liste lediglich zwei oder drei Attraktionen, welche Sie besuchen möchten, so raten wir Ihnen, diese aus Deutschland direkt zu buchen. Angebote sind zahlreich vorhanden.

Wer jedoch wirklich viel auf seinem Städtetrip durch Paris erleben möchte, der sollte sich unbedingt den Paris-Pass zulegen. Diesen kann man bereits von Deutschland aus kaufen. Nach Zahlungseingang erhält man diesen zugeschickt und man kann sorglos mehr als 60 Sehenswürdigkeiten besuchen. Ein solcher Pass zur Nutzung an zwei aufeinanderfolgenden Tagen kostet für Erwachsene 130 Euro. Jugendliche zahlen 75 Euro und Kinder 40 Euro.

Einige der möglichen Sehenswürdigkeiten bzw. Touren mit dem Paris-Pass möchten wir Ihnen nicht vorenthalten:

- Paris Big Bus Tour
- Musée du Louvre
- Arc de Triomphe
- Stade de France
- Rundgang durch Montmartre
- Schiffsfahrten

Zeigen Sie am Eingang einer Sehenswürdigkeit einfach Ihren Pass vor und Sie erhalten zu über 60 Sehenswürdigkeiten freien Eintritt. Auch den Warteschlangen entkommen Sie so. Sie sparen bares Geld. Einige ausgewählte Sehenswürdigkeiten sind nicht komplett kostenlos, hier müssen Sie eventuell einen geringen Preis hinzuzahlen, doch dies teilt man Ihnen am Eingang mit.

Fortbewegung in Paris

In Paris bewegt man sich mittels der Metro fort. Diese findet man eigentlich an jeder Ecke und die Verbindungen zu den einzelnen Sehenswürdigkeiten sind besonders gut. Die Metro fährt über 300 Stationen an und es gibt 16 von diesen Linien. In der Woche beginnen die Fahrtzeiten ab 6:00 Uhr bis nachts um 1:00 Uhr. Am Wochenende fährt die Metro sogar bis 2:00 Uhr. Sie sollten auf Ihrem Städtetrip in der Woche vermeiden, in der Zeit zwischen 8:00 und 10:00 Uhr mit der Metro zu fahren. Denn genau in dieser Zeit fahren die meisten Menschen in Paris zur Arbeit und da kann man einen richtigen Trubel erwarten. Besonders praktisch ist, dass eine Linie alle 2 bis 5 Minuten fährt, so sind lange Wartezeiten ausgeschlossen.

Der Fahrplan ist in Paris farbig unterlegt. Jede Farbe steht für eine bestimmte Linie. Die Wahl der Tickets kann schon einmal schwerfallen, denn in Paris gibt es sehr viele unterschiedliche Fahrscheine:

- Ticket + Zone 1 und 2
- Carnet 10er Karte
- Billet Zonen 1 bis 5

Hier muss man immer auf die Zonen achten, denn diese entscheiden, welches Ticket Sie benötigen. Möchten Sie beispielsweise das Disneyland Paris besuchen, so benötigen Sie das Billet Ile-de-France für die Zonen 1-5.

Ein besonders großer Vorteil ist, dass sich in Paris immer Menschen befinden, die Ihnen bei Fragen zur Seite stehen können. Ebenso raten wir Ihnen keinesfalls, ohne Fahrschein zu fahren, das kann sehr teuer werden und sogar mit Haft bestraft werden. Überall gibt es Drehkreuze, hier stecken Sie Ihr

Ticket in den Schlitz und schon werden Sie durchgelassen. Sollten Sie versehentlich zu weit fahren und in eine andere Zone gelangen, so werden Sie nicht mehr durch das Drehkreuz herausgelassen. Eine Station ist problemlos möglich, da sich die Zonen meistens während der Fahrt ändern, doch ab der 2. Station in einer anderen Zone wird es kritisch. Hier müssen Sie einen Mitarbeiter der Metro aufsuchen und ihm Ihr Problem schildern.

Sicherheit in Paris

Sie haben sicherlich auch von den ganzen Anschlägen gehört, welche in letzter Zeit Paris besonders zu schaffen gemacht haben. Daher werden Sie oftmals Polizei auf den Straßen vorfinden. In Paris gibt es einige No-Go Viertel, diese wurden als besonders gefährlich eingestuft, daher ist anzuraten, sich in diesen Vierteln nicht aufzuhalten.

Rund um die Metrostationen mit den Namen Barbès – Rochechouart sowie Chateau Rouge, Chateau d'Eau und Porte de la Chapelle wird abgeraten, sich aufzuhalten. Dies gilt jedoch auch für alle anderen Stationen, da es in solchen Gegenden immer gefährlich ist. Besonders am Abend ist es hier sehr gefährlich und als Frau insbesondere.

Auch der Norden von Paris sollte möglichst gemieden werden. Hierzu zählt insbesondere die nördliche Stadtgrenze, welche zum Flughafen Charles de Gaulle führt.

Auch Hotels direkt am Stadtrand sollten nicht gebucht werden. Denn an diesem leben sehr viele ärmere Menschen und somit kann es schnell zu Übergriffen kommen.

Einkaufsmöglichke iten in Paris?

P aris zählt zu einer Stadt, wo man das perfekte Shopping-Erlebnis haben kann. Paris ist bekannt für seine einzigartigen und besonders großen Kaufhäuser. Besonders gut einkaufen kann man in den Galeries Lafayette. Hinter diesem Kaufhaus befindet sich Citadium, ein großes Geschäft, welches über sämtliche Trendmarken verfügt.

Die Einkaufsstraße Rue de Rivoli in Paris findet man fast automatisch, denn sie befindet sich direkt am Louvre. Zahlreiche Geschäfte reihen sich hier aneinander. Auch auf dem Champs-Elysées kann man hervorragend shoppen. Geschäfte wie beispielsweise H&M sind hier vertreten. Zu empfehlen sind ebenso die kleinen Gassen, denn gerade in diesen verbergen sich oftmals schöne Geschäfte, welche preiswert einzigartige Dinge anbieten.

Was ist interessant für Kinder?

Wer als Familie verreist, gerade mit Kindern, der muss den Kleinen eine Menge Abwechslung bieten. Kultur und Mode sind nicht immer unbedingt etwas für Kinder. Doch auch hier ist Paris besonders vielseitig und hat viel zu bieten. Gerade die langen Wartezeiten an irgendwelchen Sehenswürdigkeiten hören sich nicht gerade nach Entspannung an, schon gar nicht, wenn man mit Kindern nach Paris reist.

Einige Möglichkeiten, wie Sie Ihre Kinder bespaßen können, haben wir für Sie:

1. Eine Kinotour in das Les Etoiles du Rex
2. Die größte Spielhöhle, welche sich in Europa befindet
3. Der Zoo de Vincennes
4. Das Gruselkabinett mit dem Namen Le Manoir de Paris
5. Disneyland Paris
6. Asterixpark
7. Technik- und Wissenschaftsmuseum Cité des Sciences
8. Planetarium
9. Jahrmärkte der Stadt
10. Bootsfahrt auf der Seine
11. Rennfahrerbar Le Paddock
12. Dinosauriermuseum

Was dürfen Sie noch erwarten?

Paris ist besonders vielseitig und zudem lässt sich in der Stadt der Liebe einiges erleben. Egal, ob Sie als Paar, alleine oder mit der ganzen Familie einen Städtetrip buchen, es wird niemals langweilig werden. Doch wie ist eigentlich das Klima in Paris, regnet es besonders viel oder scheint auch mal die Sonne? Diese Frage stellen sich sehr viele Menschen, die einen solchen Trip planen. Doch hier kann ich Sie beruhigen. Paris ist bekannt für sein schönes Wetter und die warmen Temperaturen.

Selbstverständlich kann auch mal ein Regentag dabei sein, doch diesen kann man ja mit einem Museumsbesuch verbinden.

Gerade in Paris leben die meisten Menschen mehr oder weniger auf den Straßen, in Cafés oder auf den Terrassen, wo es sich sehr gut aushalten lässt. Ein reges Treiben bei Wind und Wetter ist normal und sollte Sie nicht verunsichern. Paris ist immer eine Reise wert und zudem mit die beliebteste Stadt für Touristen, welche einen Städtetrip planen.

.

Packliste

Geld & Finanzen

O (evtl.) Auslandswährung
O Bargeld
O Bauchtasche
O Brustbeutel
O Bauchtasche
O EC-Karte
O Kreditkarte
O Notfall-Telefonnummern der Banken
O Portmonee

Hygiene

O Haarbürste / Kamm
O Deo (klein)
O Shampoo
O Kulturtasche
O Sonnencreme
O Taschentücher

O Reise-Zahnbürste und Zahnpasta
O Verhütungsmittel

Kleidung

O Badeklamotten
O Gürtel
O Hosen kurz / lang
O Mütze / Cap / Hut
O Pullover
O Regenjacke
O Schlafanzug
O Socken
O Sonnenbrille
O Sportklamotten / Jogginghose
O T-Shirts
O Unterwäsche

Medikamente

O Blasenpflaster
O Anti-Durchfalltabletten
O Erste-Hilfe-Set

O Fiebertabletten

O Fiebertabletten

O Mückenschutz

O sonstige Medikamente

O Pflaster

O Kopfschmerztabletten

Unterlagen & Papiere

O ADAC Unterlagen

O Adresslisten für Postkarten

O Krankversicherungsnachweis

O Stadtplan

O Führerschein

O Unterlagen für die Unterkunft

O Wasserdichte Hülle für Reiseunterlagen

O Impfausweis

O Mietwagenunterlagen

O Personalausweis

O Reisepass

O Reisetagebuch

O evtl. Studentenausweis

O evtl. Visum
O Zug- / Bahn- / Flugticket

Taschen & Rucksäcke

O Koffer / Trolley / Reisetasche
O Regenhülle für Rucksack
O Rucksack

Schuhe

O Badeschlappen / Hausschuhe
O Schuhe und Wechselschuhe

Sonstiges

O Brille / Kontaktlinsen und Etui
O Buch zum Lesen
O Ohrenstöpsel und Schlafmaske
O Regenschirm
O Reisedecke
O Wasserflasche
O Wörterbuch

Elektronik

O Digitalkamera
O Handy
O Ladekabel
O Kopfhörer
O evtl. Steckdosenadapter
O Power-Bank

Herstellung und Verlag:

BoD – Books on Demand, Norderstedt

ISBN: 9783752894622

1. Auflage

Kontakt: Psiana eCom UG/ Berumer Str. 44/ 26844 Jemgum

Covergestaltung: Fenna Larsson

Coverfoto: depositphotos.com